J. A. H. G.

RECUEIL

DE

POÉSIES CHOISIES,

suivi d'un

POÈME INÉDIT.

MONTBRISON, IMPRIMERIE DE BERNARD

Septembre 1857.

RECUEIL

DE

Poésies Choisies.

J. A. H. G.

RECUEIL

DE

POÉSIES CHOISIES,

suivi d'un

POÈME INÉDIT.

MONTBRISON, IMPRIMERIE DE BERNARD.

Septembre 1857.

RECUEIL

DE POÉSIES CHOISIES.

Bataille d'Actium,

Racontée par Cléopatre.

. . . .
Les vainqueurs des Albains sont en notre présence,
Il s'agit de combattre avec force et vaillance;
Notre flotte s'ébranle, et, dès les premiers coups,
Une folle terreur vient s'emparer de nous.
Bientôt règnent partout le trouble et l'épouvante,
Le courage s'éteint et l'arène mouvante (1)
Se sépare; on s'enfuit, les rangs désordonnés.
Bientôt, de toutes parts, les flots sont délaissés ;
On aborde à la nuit sur notre humide plage.
Le vaincu poursuivi s'élance au rivage,.

(1) L'auteur veut signifier ici les deux flottes ennemies. La périphrase serait peut-être trop forte, mais elle est admise.

C'est alors que s'engage un terrible combat.
Le Romain triomphant prodigue le trépas.
L'Egyptien vaincu sur le sable succombe,
Mon cheval empressé fléchit, chancelle et tombe;
Je me lève aussitôt, et sautant sur mon char,
Je lance mes coursiers au devant de César : (1)
« Amant infortuné, lui dis-je avec tristesse,
« Est-ce là ce beau nom, cette belle promesse
« Que vous m'aviez juré; fuyez loin de mes yeux,
« Je ne puis vous revoir, recevez mes adieux. »
Je me baissais alors, et sur son front serein
J'imprimais un baiser; puis, reprenant en main
Les rênes de mon char, j'essuyais ma paupière
Et disparus bientôt sous des flots de poussière.

. . . .

Les heures s'écoulaient, une mêlée affreuse,
Qu'augmentait les horreurs d'une nuit ténébreuse,
S'engageait sur la plage où le puissant Romain
Terrassait de son bras le timide Egyptien.
De moment en moment le vaincu se relève,
Mais ce n'était, hélas ! qu'une bien courte trêve.
Tous mes soldats s'enfuient, leur courage est brisé,
Sous l'escadron romain le Numide écrasé
Tente un dernier effort, luttant contre la tombe;
Sur le terrain sanglant se soulève et retombe.
Alors de longs soupirs s'entendent un moment,
D'un peuple terrassé vaste gémissement.
La nuit étend son voile, et la terre en silence
N'offre qu'un calme affreux et qu'un désert immense.

(1) Selon quelques auteurs, Cléopatre avait conservé l'habitude de surnommer Antoine, César.

. . . .
Gémissant sur mon sort, sans lumière et sans guide,
Seule je m'engageais dans un sentier perfide,
Je volais à la mort en fuyant le combat,
Préférant l'esclavage au plus noble trépas !
J'allais de mon vainqueur implorer la clémence,
Déposer à ses pieds ma gloire et ma puissance.
O malheureux destin que l'amour des combats,
A ma honte, grands Dieux, je ne survivrai pas !
. . . .
Mes coursiers, emportés dans leur course rapide,
M'entraînaient à leur gré. Malheureuse et timide,
J'invoquais le Très-Haut et je laissais mon cœur
Dévorer sourdement ma peine et ma douleur.
. . . .
Quelquefois mes coursiers demeurent immobiles,
Je cherche à les lancer, tous soins sont inutiles ;
Essoufflés, haletants, ils sont épouvantés
Et n'osent avancer parmi l'obscurité.
Mon sang, glacé d'effroi, s'arrête dans mes veines,
Un silence mortel vient augmenter mes peines.
L'écho seul vient répondre à mes tristes clameurs
Où se mêlaient parfois les soupirs et les pleurs.
. . . .
Enfin, les Dieux puissants exauçant ma prière,
Bien loin, à l'horizon, j'aperçois la lumière.
Je presse mes coursiers qui, d'un souffle haletant,
Partent d'un pas timide et vont en chancelant.
Bientôt de longs éclairs ont sillonné la nue,
Et la foudre, en grondant, roule dans l'étendue.
Les nuages se fendant sous les traits enflammés ;

Par leur pâle lueur mes chevaux animés,
S'élançent au galop, et, dans bien moins d'une heure,
J'arrivais haletante au sein de ma demeure.
. . . .
. . . .

Moi qui me promettais de sauver la patrie,
D'appesantir mon joug sur la belle Italie,
Je vois de mon amant s'enfuir les étendards,
Je vois de mon palais s'abaisser les remparts.
Oui, César est vaincu, je le vois qui m'outrage.
Oh ! de mon triste cœur trop déplorable image,
Maintenant le Romain n'a rien à redouter,
Maître de l'Univers, qui peut l'inquiéter ?
César ! c'est bien en vain que ta fureur me brave,
J'ai rompu les liens qui me tenaient esclave.
Tigre altéré de sang, triumvir ambitieux,
Adieu ! fuis loin de moi, sors de devant mes yeux,
Ton juge est dans mon cœur, tribunal où réside
Le censeur de l'ingrat, du traitre et du perfide.

 1857.

         H. GERIN.

Un dernier Hommage.

Le 4 février 1856.

Il n'est plus ! mais nos cœurs ont gardé son image.
Son nom sera longtemps parmi nous répété.
Sa vie, a tout moment, fut un heureux présage
    De l'Immortalité.

Il vient de s'arrêter au seuil de la carrière,
Quand tout lui souriait dans sa vie au matin,
Quand son cœur s'épanchait à la douce lumière
De l'avenir brillant à l'horizon lointain.
O Joseph ! qui m'eût dit que ma voix toujours prête
A te pleurer un jour deviendrait l'interprète ?
Les morts, sur leurs tombeaux, aiment dit-on les fleurs,
Ah ! que puis-je t'offrir, si ce n'est quelques pleurs.
Aimeras-tu, dis-moi, ces plaintives pensées
Dans quelques humbles vers en secret arrangées ?
Aimeras-tu, dis-mois, ce léger souvenir ?
Tes cendres, à ma voix, vont-elles tressaillir ?

Il n'est plus ! mais nos cœurs ont gardé son image.
Son nom sera longtemps parmi nous répété.
Sa vie, à tout moment, fut un heureux présage
    De l'Immortalité.

Quand un père adoré, près de sa triste couche
Recueillait les soupirs qui partaient de sa bouche,
Il crut entendre dire à ce fils qu'il aimait,
Ces deux mots que son cœur n'oubliera jamais :
« Vous que j'aimais, dit-il, sur cette triste terre,
« Vous que j'avais nommé du nom sacré de père,
« Quand je ne serai plus penserez-vous à moi ?
« D'un éternel oubli subirai-je la loi ? »
Ah ! ne m'oubliez pas, mon père, en vos prières.
Priez ! quand de mes jours s'éteindra le flambeau.
Priez ! quand je serai réduit à la poussière.
Priez ! car un oubli c'est un double tombeau.

Et le père fidèle a tenu sa promesse :
D'une voix suppliante, aux pieds des saints autels,
Pour un fils bien-aimé sa belle âme s'empresse
De demander à Dieu les lauriers immortels.

Il n'est plus ! mais nos cœurs ont gardé son image.
Son nom sera longtemps parmi nous répété.
Sa vie, à tout moment, fut un heureux présage
      De l'Immortalité.

Chers amis, allez voir sa demeure dernière ;
Sa cendre est en repos, son sommeil respecté,
Son tombeau protégé de rameaux centenaires,
Le rossignol y chante aux belles nuits d'été.
Là, repose un ami ! là, gît un tendre frère !
Là, dort un fils chéri, les amours de sa mère !
Venez, amis ! venez ! venez sur son tombeau
Pleurer et prendre part à ce triste tableau.

Son âme, elle est allée dans le sein de Dieu même,
Où nous la reverrons au rendez-vous suprême.
Voyez du haut du ciel comme il nous tend les bras;
Voyez comme il nous dit : Amis ne pleurez pas.

Grand Dieu ! suspends les coups de ta juste colère.
Pardonne, je t'en prie, aux timides humains.
Est-il de châtiment, de peine plus amère
Que les jours d'un ami tranchés entre tes mains.

H. GERIN.

Lyon, le 30 juillet 1857.

Méditation d'un Émigré.

Quand le brillant Phébus sur son char de lumière
S'élançait triomphant sur la route des Cieux,
De l'Aurore au couchant ponrsuivait sa carrière,
Inondant l'Univers de ses flots radieux.

Mollement étendu dans le fond d'un bocage,
Mon cœur transporté vers son Dieu s'élevait;
Des oiseaux folâtrants j'écoutais le ramage,
Je pensais à la France, et mon cœur soupirait.

J'admirais le torrent au fond de la prairie,
Sur un tapis de fleurs précipitant son cours.
Tel est, hélas ! le cours de notre triste vie,
Comme ses eaux rapides s'écoulent nos beaux jours.

Humbles et tendres fleurs qui parez ce rivage,
Vous ranimez l'espoir dans le fond de mon cœur
De la douce vertu vous me tracez l'image,
Puisse-je, auprès de vous, goûter le vrai bonheur.

Fleuve (1) majestueux qui parcours le monde,
Mêle, mêle mes pleurs à l'azur de ton onde,

(1) Le Rhône en Valais.

Emporte vers la France et mes plus doux regrets
Et l'heureux souvenir de ses nombreux bienfaits.

O joli papillon qui d'une aile légère
Vole de fleurs en fleurs sans jamais t'arrêter,
Pour nous, dans cet exil, la vie n'est que chimère,
Jamais rien, ici bas, ne peut nous contenter.

Paisible et tendre agneau qui paît dans cette plaine,
O fidèle portrait de la docilité!
Tu aimes à caresser le pasteur qui te mène,
Tu le suis, tendre image de la fidélité.

Hélas! pauvre exilé sur la terre étrangère,
Si loin de ma patrie il n'est point de bonheur,
Pendant tout mon exil et partout sur la terre,
L'amour du nom Français restera dans mon cœur.

INVOCATION:

Dieu! sur les émigrés suspens donc ta vengeance:
Ils ont assez souffert, pitié, pitié pour eux.
Fais renaître en leur cœur la bien vive espérance
De revenir un jour au foyer des aïeux.

Au cœur dans l'infortune accablé de souffrance,
Grand Dieu! n'enlevez pas sa dernière espérance.
N'enlevez pas, grand Dieu! dans la main du malheur,
Cette ancre où peut encor s'appuyer la douleur.

1857.

H. GERIN.

Promenade dans les Vallons.

Phébus disparaissant au-delà des montagnes,
De son voile empourpré recouvrait les campagnes,
Tandis qu'à l'Orient, sous un disque de feux,
La lune avec éclat se levait dans les Cieux.
Assis au fond d'un bois sous un épais feuillage,
Des oiseaux gazouillant j'écoutais le ramage.
Les pâtres foréziens ramenant leurs troupeaux,
Faisaient retentir l'air du son des chalumeaux.
Au loin, dans les vallons, la timide clochette
Des blancs et doux agneaux soumis à la houlette,
Réveillait dans mon cour je ne sais quel espoir,
De voir bien loin de moi bannir le désespoir.
. . . .
Bientôt le tintement d'une cloche sacrée
M'arrache malgré moi de mon affaissement.
Je me lève, et suivant le long de la vallée,
Je me guidais bientôt à l'aide du torrent.
Bien loin, à l'horizon, le Ciel était en flamme.
Bientôt le blond Phébus allait quitter les Cieux.
   Je l'admirais, et recueillant mon âme,
      Je le suivais des yeux.

Je venais de franchir le seuil de la vallée,
Et la reine des nuits, de sa robe étoilée,
    Couvrait de ses nombreux diamants
        Les Cieux étincelants.

Je prêtais par instant une oreille attentive,
Je tremblais d'émotion ! La fauvette plaintive
    Mêlait ses doux et gracieux accents
        A ceux des rossignols bruyants.

. . . .

Cependant la déesse, d'étoiles couronnée,
Avait fait la moitié de sa course ordonnée.
Reprenant, recueilli, le chemin du château,
Je gravis lestement le verdoyant coteau.
J'allais me prosterner aux pieds du sanctuaire;
Envoyant vers le Ciel l'encens de ma prière.
Déjà minuit sonnait au beffroi du hameau,
Lorsque e me levais pour prendre mon repos.

                            M. GERIN.

18 juin 1857.

Le Marinier Forézien.

Pendant mon long pélerinage,
Marie adoucit tous mes maux ;
Elle garantit du naufrage
Ma barque qui sillonne également les eaux.
 Si la tempête rompt ma voile
 Et me repousse loin du bord,
 Je vous invoque, ô douce étoile,
 Et vous me ramenez au port.

II.

Quand la douce main de l'Aurore
Soulève le voile des nuits,
Quand, du hameau, l'airain sonore
Glisse en sons argentins sur les flots endormis,
 Bercé sur l'onde transparente,
 Je chante un cantique d'amour
 A cette Vierge ravissante
 Qui fut l'Aurore d'un beau jour.

III.

J'aime à contempler ia colline,
Le temple et ses parvis sacrés

Dont l'ombre sainte qui s'incline
Se peint gracieusement dans les flots azurés.
  C'est là que cette tendre mère
  Prête l'oreille à nos sanglots,
  Et, comme un ange tutélaire,
  Veille au salut des matelots.

IV.

  Si la tempête est en furie,
  Quand elle obscurcit l'horizon,
  Caché sous l'aile de Marie,
Saisi par la terreur, j'invoque son saint nom.
  J'avais appris à le redire
  Dès que je quittai le berceau ;
  En lettres d'or je veux l'inscrire
  Sur la poupe de mon bateau.

V.

  Quand le soleil à l'horizon
  Incline sa douce lumière,
  Ma main repousse l'aviron,
Et je reviens gaiement auprès de ma chaumière.
  Là je fais monter vers le Ciel
  Le doux encens de mes prières ;
  De ses bontés je bénis l'Eternel,
  Je clos doucement mes paupières.

Lyon, août 1857.

Désespoir et Douleur

d'une Jeune Fille qui a perdu son Père.

TIRÉ DE STRADELLA.

Il n'est donc plus et moi je vis encore,
Je vis mais je voudrais mourir,
Du noir chagrin qui me dévore,
La seule mort peut m'affranchir.

Dans ce joyeux bosquet rêveuse et solitaire
Je pleure et pleurerai toujours,
Sous mes pieds je t'en prie ouvre toi triste terre,
Et dérobe-moi sans retour.

Dérobe à tout mortel mon douloureux mystère,
O bosquet qu'ici règne un silence de mort,
Que tes pâles rameaux s'inclinent vers la terre,
Que ton ombre me cache ici pleurant mon sort,
Je puis de mes regrets savourer tous les charmes,
Donne, donne à mon cœur la force de gémir,
Père à ton souvenir je sens couler mes larmes,
Ici je veux pleurer, ici je veux mourir !

HENRY GERIN.

Le 15 Juin 1857.

Dévouément d'un Missionnaire.

Comme il est beau de fuir les plaisirs de la terre,
Ce que nous appelons ici-bas le bonheur,
Pour enfermer sa vie en ce devoir austère,
Qu'impose aux fils d'Aaron le culte du Seigneur;
Mais dire au toit natal, à sa chère patrie,
A tous ceux que l'on aime un volontaire adieu,
Pour porter aux pays souillés d'idolâtrie,
L'étendard du Chrétien, la parole de Dieu.
C'est le sort d'un jeune homme aussi las de ce monde
Qui dédaignant Paris !... Paris, avec transport,
S'est jeté sur le pont d'un vaisseau qui fend l'onde,
Aux bornes de l'Asie, et voit enfin le port !
A l'aspect des rochers dont la frange couronne
Le rivage où le prêtre est tout près d'aborder,
D'un éclat surhumain son beau front se couronne,
Un rayon tout céleste y semble déborder;
Mais en vain le vaisseau du rivage s'approche
En préparant déjà l'ancre qu'il va jeter;
La proue avec fracas heurte contre une roche,
Entr'ouvert ! Contre l'onde il ne peut plus lutter,
Le vaisseau disparaît et ceux qu'un sort funeste

Que le destin condamne aux horreurs du trépas,
Surnagent!... Vainement!... mais le pardon céleste
A l'heure de la mort ne leur faillira pas.
Fort de sa mission le jeune et bel apôtre,
Leur prêtant au besoin l'appui d'un bras nerveux
En rapides élans nage de l'un à l'autre,
Et de leur repentir écoute les aveux.

. . . .

Dieu vient de pardonner et le prêtre héroïque
Jette au bleu firmament un regard radieux,
Du vieillard Siméon chante le saint cantique,
Et l'hymne commencé va s'achever aux cieux.

H. GERIN.

Août 1857.

Poésie inédite.

L'Echo de la Vallée.

Dans la vallée ombreuse
Loin d'un monde trompeur,
Je viens triste et rêveuse,
Chercher la paix du cœur.
Pleurant je me repose
Sous le dais d'un ormeau,
Je veux prier, je n'ose !...
        Ose !...
Répond soudain l'écho.

Sur la rive odorante
J'abaisse alors les yeux,
Dans l'onde transparente
Je vois trembler les cieux.

Puis-je encore, ô mon père,
Gagner ce ciel si beau,
Hélas ! j'en désespère !...
  Espère !...
Répond soudain l'écho.

Pour mon âme en souffrance
C'est un rayon de miel,
L'ange de l'espérance,
Ouvre à mes yeux le ciel ;
Mais ce bonheur suprême
Par quel effort nouveau,
Puis-je l'avoir moi-même !...
  Aime !...
Répond encore l'écho.

J'aime et je suis heureuse,
Henry fais comme moi,
Dans la vallée ombreuse
Va retremper ta foi.
Si le Dieu de clémence
Te marque de son sceau,
T'offre sa récompense !...
  Pense !...
Que Marie est l'écho.

TABLE.

Bataille d'Actium.   5   H. G.
Un dernier Hommage.   9   id.
Méditation d'un Emigré 12   id.
Promenade dans les Vollons . . . 14   id.
Le Marinier forézien 61   id.
Cantate tirée de *Stradella*. 18   id.
Dévouement d'un Missionnaire. . 19   id.
L'Echo. — Poésie. 21

www.ingramcontent.com/pod-product-compliance
Lightning Source LLC
Chambersburg PA
CBHW070527050426
42451CB00013B/2884